Herr Lucien

La Cathédrale Française
au XIIIe Siècle

MINISTÈRE DE L'INSTRUCTION PUBLIQUE ET DES BEAUX-ARTS

MUSÉE PÉDAGOGIQUE

41, rue Gay-Lussac, 41

SERVICE DES PROJECTIONS LUMINEUSES

NOTICE SUR LES VUES

LA CATHÉDRALE FRANÇAISE AU XIIIe SIÈCLE

PAR

Jeanne Lucien HERR

MELUN
IMPRIMERIE ADMINISTRATIVE

1919

La présente notice devra être renvoyée au Musée Pédagogique avec les Vues.

TABLE

BIBLIOGRAPHIE

Émile MALE, L'art religieux du XIIIe siècle en France, 1901. — André MICHEL, Histoire de l'art, t. II. — L. HOURTICQ, Histoire générale de l'art en France. — Louise PILLION, Les Sculpteurs français du XIIIe siècle, 1913. — H. STEIN, Les architectes des cathédrales gothiques. — VIOLLET-LE-DUC, Dictionnaire de l'architecture. — M. AUBERT, La cathédrale de Notre-Dame-de-Paris. — DEMAISON, La cathédrale de Reims. — MERLET, La cathédrale de Chartres. — G. DURAND, La cathédrale d'Amiens.

LA CATHÉDRALE FRANÇAISE

AU XIIIe SIÈCLE

Les grandes cathédrales françaises ont été construites en l'espace d'un siècle à peine, à partir de la fin du XIIe ; elles résument l'art de leur époque, de ce qu'on est convenu d'appeler l'art gothique du XIIIe siècle. Ce n'est pas qu'elles soient les seuls monuments bâtis et décorés à ce moment, ce n'est pas non plus qu'elles datent tout entières de ce siècle, puisque bon nombre d'entre elles n'ont été terminées que longtemps après, mais elles sont l'incarnation la plus parfaite de cet art magnifique qui est né avec elles, par elles, pourrait-on dire, et qui de l'Ile-de-France s'est vite répandu dans les autres provinces, puis a gagné la chrétienté tout entière.

Pendant l'époque romane, l'Ile-de-France n'avait rien produit qui fût comparable aux magnifiques églises élevées en Bourgogne, en Auvergne, en Normandie ou en Provence. Elle tâtonnait et semblait ne pas trouver la solution qu'elle cherchait aux grands problèmes d'architecture. Puis, brusquement, avant le milieu du XIIe siècle, elle découvrit le système de voûte qui devait transformer l'art roman en art gothique, et son architecture prit alors un essor prodigieux.

Le premier grand édifice qu'on puisse qualifier de gothique ne fut pas une cathédrale, mais l'église abbatiale de Saint-Denis, dont le chœur fut consacré en 1144. Saint-Denis eut une influence énorme dans l'art gothique. A la même époque, ou quelques années plus tard, s'élevèrent les premières cathédra'es gothiques, sur des plans un peu différents : Sens, dont le modèle se retrouve jusqu'en Angleterre (Canterbury), Noyon et Senlis, qui imitent Saint-Denis, puis, à partir de 1163, Notre-Dame-de-Paris, dont l'influence se retrouve à Laon, à Mantes, à Bourges. Ce qui différencie ces divers groupes, c'est une question de plan. Vous savez que les grandes églises du Moyen-Age, romanes aussi bien que gothiques, sont construites en forme de croix latine. (Nous verrons dans un moment les différences qu'il y a à ce point de vue entre les deux styles). La grande nef, habituellement entourée de bas-côtés, forme la plus longue branche, le chœur, entouré du déambulatoire et toujours regardant l'est, dessine le sommet de la croix, tandis que le transept, composé du croisillon nord et du croisillon sud, forme les deux bras. Nous verrons tout à l'heure les raisons liturgiques qui sont à la base de cette coutume. Dans le plan de Saint-Denis, qui est celui qui prévalut, le chœur est entouré d'un bas-côté tournant, ou déambulatoire, sur lequel s'ouvrent des chapelles rayonnantes en nombre impair. A Sens, il n'y a qu'une seule grande chapelle dans l'axe de la nef, et, à Paris et à Bourges, le déambulatoire est double, et était conçu à l'origine sans chapelles rayonnantes.

Les grandes cathédrales, c'est-à-dire Chartres, Reims, Amiens et Beauvais, dérivent directement de Saint-Denis, mais elles ne se copient pas les unes les autres. L'art du Moyen-Age est un art vivant, constamment en marche, et, de l'une à l'autre, le plan, la construction, la sculpture vont se transformant et se perfectionnant. C'est de Paris et des quatre grandes cathédrales que nous nous occuperons surtout aujourd'hui, en empruntant aussi quelques exemples à Noyon, Laon, Bourges ou le Mans. Mais, si ces quelques cathédrales sont les premières venues et les plus parfaites, il ne faut pas croire que l'art du XIIIe siècle se borne à elles seules. Sans parler de toutes celles qui sont à peu près de la même époque et du même art, teintes seulement de quelques particularités provinciales, Rouen, Lyon, Poitiers, Clermont-Ferrand, Sées, Saint-Quentin, Troyes, Bordeaux, et d'autres, il y a encore toute la foule des petites églises qui complètent pour l'architecture, pour la sculpture, pour la peinture sur verre cet ensemble magnifique qu'est l'art religieux du XIIIe siècle.

*

* *

Il n'y a pas de mot plus faux que celui de gothique pour caractériser l'art des cathédrales, mais il est entré dans l'usage et on est convenu de s'en servir. Ce mot vient d'Italie (c'est Raphaël qui l'a employé pour la première fois dans un document officiel), et il désignait l'art venu du nord, cet art si différent de celui des Italiens et qu'on croyait avoir été inventé par l'Allemagne. Cette erreur a subsisté longtemps; il y a un siècle à peine, on croyait encore que l'art des cathédrales était né en Allemagne, et qu'il imitait, comme disait Châteaubriand, « les hautes futaies de Germanie ». On sait aujourd'hui qu'il n'en est rien, qu'il n'y a pas d'art plus français que l'art gothique, et que l'Allemagne, aussi bien que l'Italie, l'Espagne ou l'Angleterre, n'ont fait qu'imiter la France.

L'art gothique a succédé à l'art roman, ou plutôt il en a été la continuation et le perfectionnement, il a trouvé la solution de ce problème de la voûte qu'on cherchait depuis le début de l'époque romane. Sa grande découverte, qui a révolutionné l'art de bâtir à tel point qu'on a cru longtemps qu'il y avait entre les deux époques un fossé profond, a été la croisée d'ogives, c'est-à-dire le croisement de deux arcs fait de telle manière que l'architecte peut diriger à son gré le poids et la poussée de la voûte. Ces arcs forment à eux seuls toute la solidité de la construction, et les panneaux qui ferment la voûte ne sont plus que du remplissage léger. A l'époque romane, le poids de la voûte, qui était une masse compacte, reposait tout entier sur les murs, qu'il fallait faire très épais, très solides, percés d'aussi peu d'ouvertures que possible ; c'est pourquoi les églises romanes sont en général sombres et massives, sauf en Normandie, où l'on avait remplacé la voûte en pierre par une charpente en bois n'exerçant sur les murs aucune poussée, ou en Bourgogne, où les grandes églises étaient très audacieuses, mais si peu solides qu'il fallut les étayer peu de temps après leur construction. A l'époque gothique, au contraire, le poids de la voûte ne repose plus sur les murs, mais sur les arcs, sur les nervures, qui le transmettent aux piliers. Le mur n'est donc plus qu'un remplissage, ce qui permet d'ouvrir autant de fenêtres qu'on le désire ; de là vient l'aspect extraordinairement clair des grandes églises gothiques, qui deviennent de plus en plus lumineuses à mesure que les architectes deviennent plus hardis et plus sûrs de leur art, jusqu'à ne plus faire, vers la fin du XIIIe siècle, que des murailles de verre.

La découverte de la croisée d'ogives a eu des conséquences qui ont tout à fait changé l'aspect extérieur des grands édifices. Jusque-là, les murs de la nef centrale étaient soutenus par les bas-côtés et par les contreforts, sorte de piles engagées dans le mur extérieur: avec le nouveau système, les murs n'ont pas besoin d'être soutenus t ut du long: il suffit de renforcer l'endroit où se fait la pesée. L'architecte bâtit donc de puissants contreforts dégagés de la maçonnerie, et lance de ces contreforts au mur de la grande nef des arcs qui aboutissent aux points précis où se fait la plus forte poussée. C'est ce qu'on appelle l'arc-boutant, qui est jeté par-dessus le ou les bas-côtés, et qui est, en même temps, un membre architectural indispensable, un élément décoratif qui donne à l'église gothique sa physionomie toute nouvelle.

* * *

On a considéré longtemps, et personne n'a fait plus que Viollet-le-Duc — qui avait adopté l'idée de

Victor Hugo — pour répandre cette idée fausse, que l'art des cathédrales était une sorte d'art de révolte né de l'affranchissement des communes et des corps de métiers, fait par et pour le peuple, et contre les moines. Il n'en est rien. L'art du XIIIe siècle est un art soumis à l'Eglise autant qu'il est possible ; nous verrons tout à l'heure que c'est l'Eglise qui a dicté les moindres détails des cathédrales. L'art du XIIIe siècle est un art profondément religieux, où la ferveur du peuple a secondé l'argent et la puissance des évêques et des princes. Au XIIe siècle, on a bâti surtout de grandes abbayes, parce que les moines étaient riches et puissants : au XIIIe siècle, les cités ont grandi ; elles sont protégées par le roi, elles ont des évêques riches et amis des arts, et ce sont les cathédrales, jusqu'alors petites et modestes, qui deviennent des églises immenses et superbes. Il y a de ville à ville, d'évêque à évêque, une sorte d'émulation et de désir de faire toujours plus grand, toujours plus haut, toujours mieux que le voisin. Ce fut Paris qui commença, puis Chartres, puis Reims, puis Amiens, puis Beauvais, et de l'une à l'autre la voûte s'élève, les tours se font plus hautes ou plus nombreuses, les murs s'ajourent, la façade s'orne davantage.

A la place où surgirent les cathédrales, il y avait eu de petites églises qui brûlèrent les unes après les autres dans les dernières années du XIIe siècle et les premières du XIIIe. Pour les reconstruire, il passa sur la France une vague d'enthousiasme religieux qui tient du prodige. Ce fut une collaboration de tous. Rois, princes, évêques, chanoines, corporations, chacun donna de son côté, et ceux qui n'avaient rien à donner offraient leur travail et leur peine, s'attelaient aux lourds blocs de pierre, aidaient à hisser les poutres énormes, mettaient à ces durs travaux tout leur enthousiasme et tout leur cœur. A Chartres, dont l'histoire est mieux connue que celle des autres cathédrales, la reconstruction fut entreprise tout de suite après un incendie terrible qui dévasta la ville et ne laissa de la cathédrale que la façade. Une ardeur unanime succéda à la consternation générale quand on eut retrouvé la plus précieuse de toutes les reliques, la tunique de la Vierge rapportée d'Italie par Charlemagne, qui avait par miracle échappé aux flammes. On décida la reconstruction immédiate. Évêques et chanoines abandonnèrent trois ans de leurs revenus, Philippe-Auguste donna les portails, Saint-Louis un porche et le jubé. Le roi d'Espagne saint Ferdinand, Richard Cœur-de-Lion, le roi de Constantinople, toutes les grandes familles de France suivirent leur exemple; les bourgeois et les ouvriers réunis en corporations donnèrent des verrières, les populations firent des dons en nature. L'évêque fit faire des quêtes dans toute la France, on promena des reliques, on offrit des indulgences et l'argent afflua de toutes parts. Pour les autres cathédrales, ce fut le même élan de générosité, qui dura plus d'un demi-siècle. Vers 1260, il commença à se lasser, baissa de plus en plus, et toutes ces églises magnifiques entreprises dans l'ardeur et l'amour restèrent inachevées, et ne furent terminées que beaucoup plus tard, souvent d'une façon mesquine ou dans un style tout autre. Il ne faut pas s'imaginer pourtant que les cathédrales aient été construites par tout un peuple de gens de bonne volonté mais sans expérience. Ils étaient là pour aider aux gros travaux, pour accélérer l'ouvrage, pour faire du travail de terrassiers ou de maçons sous la direction d'hommes du métier. Les architectes, les sculpteurs, les maîtres verriers étaient tous des artistes ou d'habiles ouvriers, qui étaient payés et travaillaient de leur métier, et non pas uniquement pour gagner le ciel.

*

* *

Nous avons vu que le plan de la cathédrale du XIIIe siècle conserva la forme de la croix. Ce plan représentait pour les liturgistes Jésus-Christ étendu sur la croix ; le chœur figurait la tête, le transept les bras, la nef le corps. A l'époque gothique, tout devient seulement plus vaste et plus grand ; le chœur s'entoure d'un déambulatoire, parfois double et presque toujours agrandi de chapelles rayonnantes ; les bras du transept s'allongent, s'augmentent de bas-côtés comme une petite nef, la nef elle-même devient plus longue, plus large, plus haute ; elle est encore accrue par les bas-côtés parfois doubles, comme à Paris ou à Bourges ; au XIIIe siècle il n'y avait pas de chapelles le long des bas-côtés, et les autels encombraient la nef ; ce ne fut que plus tard, au XIVe et XVe siècle, qu'on ouvrit des chapelles entre les contreforts, modifiant ainsi l'aspect général de l'édifice.

Nous avons vu qu'une des caractéristiques de la cathédrale gothique, c'est la clarté, l'abondance de lumière. La lumière, c'est un des problèmes qui ont le plus préoccupé les architectes, et ce n'est pas du premier coup qu'ils en trouvèrent la solution. Je vous ai expliqué tout à l'heure qu'en vertu même du principe directeur de l'architecture gothique, il était possible d'ajourer les murs autant qu'on le désirait ; mais on ne s'en rendit pas compte tout de suite. Les architectes des premières cathédrales gothiques, Noyon, Laon, par exemple, ouvrirent des fenêtres à peine plus grandes que celles de l'époque romane. A Paris, elles ne sont pas encore très grandes, et la majeure partie du mur est occupé par le triforium (petite galerie de circulation qui faisait le tour de la nef, des transepts et du chœur) et surtout par les tribunes, vastes galeries qui couvraient les bas-côtés et ouvraient sur la nef de larges ouvertures. Peu à peu, pour agrandir les fenêtres, les tribunes disparurent, puis le triforium à son tour se vitra et fut englobé dans les immenses fenêtres qui s'ouvrent d'un contrefort à l'autre, transformant en une paroi de verre toute la muraille au-dessus des arcades qui séparent la nef ou le chœur des bas- côtés. Aux façades, aux transepts, il en fut de même, les roses d'abord très petites et modestes s'agrandirent jusqu'à ne plus laisser de pierre que leur armature.

La façade des cathédrales gothiques dérive de celle des églises romanes. Mais là aussi tout s'est agrandi, amplifié, orné jusqu'aux limites du possible. Les grandes lignes horizontales qui divisaient la façade se transforment ; elles subsistent encore dans les premières églises, puis peu à peu sont brisées par les gâbles des portails, par les pinacles des contreforts, puis, au centre de la façade, la rose apparaît, d'abord sous un arc en plein-cintre, puis sous un arc en tiers-point qui accuse l'ascension des lignes. Et peu à peu la ligne verticale (qui exprime l'ardeur, l'élan, l'enthousiasme) remplace la ligne horizontale calme et sereine de la façade romane.

Toutes les cathédrales devaient avoir des tours, tantôt deux seulement, tantôt plus, jusqu'à neuf, mais il y en a peu qui subsistent ; ou bien elles ont été la proie d'incendies, ou bien elles n'ont pas été terminées. A Chartres, où les deux tours de façade existent, une seule date de l'époque primitive, l'autre fut terminée au xvie siècle, et les architectes du xvie siècle ne cherchèrent pas à la faire pareille à la première ; sauf de très rares exceptions, les architectes du Moyen-Age n'ont jamais copié leurs devanciers ; l'art gothique est un art essentiellement vivant, qui se transforme et se complique, mais ne regarde jamais en arrière.

*
* *

Mais l'architecture n'est pas tout dans les cathédrales ; la décoration, sculpture, vitraux, arts mineurs, y tient une place immense, et nous fait pénétrer plus avant encore dans l'âme et la pensée du Moyen-Age. La cathédrale, en effet, a été pour les hommes du Moyen-Age comme un livre de pierre où ils pouvaient lire sans effort tout ce qu'il leur était utile de savoir, l'histoire du monde, la vie des saints, les châtiments dont seraient punis les méchants, les joies réservées aux bons.

C'est l'Église qui préside à la décoration des

cathédrales ; c'est elle qui trace à l'artiste sa tâche. D'une cathédrale à l'autre, les mêmes scènes se retrouvent aux mêmes endroits, non pas par hasard, mais par obéissance à des règles d'ordre symbolique qui ne souffrent que peu d'exceptions. Le portail principal de la façade occidentale, par exemple, est presque toujours réservé à la représentation du Jugement dernier, afin que « le soleil couchant — le chœur étant orienté à l'est, la façade se trouve toujours tournée vers l'occident, — éclaire cette grande scène du dernier soir du monde ». La façade du midi, chaude et lumineuse, est consacrée au Nouveau Testament, tandis que celle du nord, froide et sombre, est réservée à l'Ancien Testament.

L'ordonnance des scènes n'est pas non plus laissée à la liberté de l'artiste : elle est réglée d'avance par tout un code de lois qu'on ne peut enfreindre. Chaque personnage a sa place marquée d'avance suivant sa dignité. Dans la crucifixion, par exemple, la Vierge est toujours à droite et saint Jean toujours à gauche ; si, dans le Jugement dernier, le Christ est entouré des symboles des quatre évangélistes, la place qu'on leur donne n'est pas indifférente, car la droite est plus honorable que la gauche, la place du haut meilleure que celle du bas. L'aspect des personnages, leurs attributs, sont fixés d'avance :

saint Pierre est tonsuré et porte une clef, saint Paul est chauve avec une longue barbe, saint Jacques porte un bâton de pèlerin et saint André une grande croix. Il y a différents signes qu'on ne peut modifier et qui équivalent à toute une explication : le nimbe placé derrière la tête exprime la sainteté, le nimbe orné d'une croix, la divinité ; les pieds nus sont réservés à Jésus-Christ, un homme qui a les jambes croisées représente un juge, celui qui a sur la tête un bonnet pointu est un Juif.

Les œuvres, naturellement, ne sont point identiques entre elles et varient selon la valeur de l'artiste ; ce cadre fixé d'avance n'entrave point le sculpteur de génie, à qui il reste toute liberté pour la puissance de l'expression, la beauté des traits, la majesté de l'attitude ; il est une aide par contre pour l'humble ouvrier, qui est comme soutenu par la tradition, et dont l'œuvre même malhabile reste claire et compréhensible pour tous.

M. Emile Mâle, dans son beau livre sur l'art religieux du XIIIe siècle en France, à montré comment les cathédrales étaient comme la transposition en pierre d'un des gros ouvrages théologiques qui résument les connaissances du Moyen-Age, le Grand Miroir de Vincent de Beauvais. Vincent de Beauvais est un moine du XIIIe siècle qui a passé sa vie à lire et à prendre des extraits de ses lectures, puis à rédiger un énorme ouvrage ou il fait rentrer toute la science humaine et la divise en quatre parties, le Miroir de la Nature, le Miroir de la Science, le Miroir de la Morale, le Miroir de l'Histoire. Cette division n'a pas été inventée par Vincent de Beauvais, qui n'est qu'un compilateur; c'est l'œuvre du Moyen-Age tout entier, et c'est ainsi que l'étude de son œuvre éclaire et fait comprendre les grandes leçons sculptées aux portes des cathédrales ou peintes sur leurs vitraux.

Le Miroir de la Nature, c'est le commentaire des sept journées de la Création ; la cathédrale en est pleine, car aucune époque peut-être n'a eu autant que le Moyen-Age l'amour de la nature vue dans le détail. Regardez les chapiteaux des colonnes, les montants des portes, les voussures des baies, partout vous verrez des feuilles, des fleurs et des animaux, les crochets de la fougère, les fleurs de l'églantier, les feuilles du frêne ou de l'érable, le cresson des fontaines, l'oseille des champs, les lézards, les oiseaux, les singes et tous les monstres étranges ou terribles auxquels s'amusera le ciseau des artistes.

Le Miroir de la Science, c'est la glorification du travail aussi bien manuel qu'intellectuel, car, comme le dit Vincent de Beauvais, « l'homme peut se relever de sa chute par la science », c'est-à-dire par le travail. Le travail ne doit rapporter à l'homme ni gloire ni richesse, il doit servir uniquement à son perfectionnement intérieur. Tous les métiers ont été représentés dans la cathédrale, tantôt en bas-relief, tantôt à la partie inférieure des vitraux donnés par les corporations, les drapiers, les boulangers, les pelletiers, les bouchers, les maçons, les teinturiers, d'autres encore. Dans la seule cathédrale de Chartres, dix-neuf corps de métiers sont représentés. Mais le travail dont on trouve le plus souvent la figuration, c'est le travail de la terre, le travail même que Dieu a imposé à l'homme après sa chute. La plupart des cathedrales ont des calendriers sculptés ou peints, c'est-à-dire une série de bas-reliefs ou de médaillons de vitraux qui mettent côte-à-côte pour chaque mois les signes du zodiaque et les travaux des champs. Ces travaux varient un peu de province à province, mais partout on voit le paysan de France vaquant à ses occupations: il sème, il taille les arbres, il fauche, il moissonne, il vendange, il abat ses noix, et en hiver il tue le porc, le mange et se chauffe les pieds.

Mais l'homme ne travaille pas de ses mains seulement: les sept arts libéraux et la Philosophie montrent les efforts de son intelligence. L'Église les a fait représenter sous la forme de belles jeunes femmes majestueuses qui tiennent des attributs souvent bizarres : la grammaire tient une férule, la dialectique un serpent, la géométrie la règle ou le compas, et la philosophie a la tête perdue dans les nuages et une échelle appuyée contre la poitrine

Le travail, la science mènent à la vertu, et c'est la vertu qui remplit le Miroir Moral. A l'époque romane, les vertus étaient des vierges guerrières, qui luttaient contre les vices et les terrassaient. C'était la Psychomachie, l'antique lutte que le bien et le mal se livrent dans notre âme. A l'époque gothique, la représentation est tout autre ; les vertus sont de jeunes vierges pures et héroïques qui accueillent l'homme à son entrée dans l'église et lui montrent les qualités qu'il doit s'efforcer de conquérir. Et, près de chaque vertu, l'artiste, guidé par les docteurs, représente le vice contraire sous la forme d'une petite scène familière : près du courage, un guerrier s'enfuit devant un lièvre en laissant tomber son casque et son sabre ; près de l'espérance, un désespéré se passe son épée au travers du corps ; près de la concorde, un mari et une femme se prennent aux cheveux d'un geste si violent que le pot, la cruche et la quenouille roulent à terre.

Chacun doit pratiquer la vertu dans la sphère où il se trouve, qu'on soit dans le siècle ou dans la règle, peu importe. La vertu doit triompher partout, dans la vie active aussi bien que dans la vie contemplative.

Vincent de Beauvais consacre son quatrième Miroir à l'histoire du monde, mais cette histoire se résume pour lui en celle des élus de Dieu. Et les choses se présentent de même dans la cathédrale Seuls y trouvent place les faits de l'histoire qui se rapportent à Jésus-Christ, centre du monde. Tout ce qui est venu avant lui l'a annoncé, tout ce qui est venu après lui a cherché à l'imiter. Il y a dans l'histoire de l'humanité trois grands chapitres, l'Ancien Testament, le Nouveau Testament, la vie des Saints. Ces trois chapitres sont inscrits par fragments partout dans la cathédrale. Qu'on regarde les tympans des portails, les vitraux des fenêtres, les bas-reliefs des autels, partout on retrouvera les divers chapitres du même livre, partout on lira, ou la vie de Jésus-Christ, ou les prophéties de l'ancienne loi, ou les vertus magnifiques ou touchantes que l'amour de Dieu a fait éclore dans la vie des hommes que l'Eglise a béatifiés.

L'Ancien Testament ne figure dans la cathédrale, — et n'oublions pas que l'art du Moyen-Age dérive de la littérature et que les artistes traduisent en images les idées des théologiens, — que comme préfigure du Nouveau. Les hommes de l'Ancienne alliance annoncent Jésus-Christ ou annoncent la Vierge, et valent surtout comme symboles, Abraham sacrifiant Isaac, les Israélites dessinant une croix de sang au-dessus de la porte de leur demeure, la veuve de Sarepta recevant Élie, Jacob bénissant Ephraïm et Manassé, sont des préfigures de la Croix de Jésus-Christ: Jonas sortant du poisson, Elisée ressuscitant le fils de la veuve, Samson enlevant les portes de Gaza, annoncent la résurrection; le buisson ardent de Moïse, la toison de Gédéon, le colosse du rêve de Nabuchodonosor, les trois jeunes Hébreux dans la fournaise, sont autant d'images de la virginité de Marie.

Quant aux grandes figures de prophètes ou de patriarches de l'Ancienne alliance, majestueusement dressées dans les vitraux ou à l'ébrasement des portails, elles sont là, elles aussi, parce qu'elles annoncent le Nouveau Testament. Les prophètes sont les prédécesseurs des apôtres, et ils ont passé leur vie à prédire les temps futurs; les patriarches sont les ancêtres de Jésus-Christ, ancêtres selon la chair, ou ancêtres selon l'esprit.

Pour le Nouveau Testament, comme pour l'Ancien, les artistes s'inspirent plus des commentaires des docteurs que de la Bible elle-même, c'est-à-dire qu'ils représentent fréquemment les scènes qui sont entrées dans la liturgie par les fêtes ou celles auxquelles les docteurs ont donné un sens symbolique, et laissent les autres de côté. M. Mâle fait justement remarquer qu'alors que les scènes de la Nativité et de la Passion sont fréquemment représentées au Moyen-Age, celles de la vie publique de Jésus-Christ, les miracles par exemple, qui tiennent une large place dans l'art chrétien des catacombes et qui inspirèrent si souvent les artistes de la Renaissance, font complètement défaut dans l'art du XIIIe siècle, sauf quatre scènes choisies par l'Église et qui se rattachent aux deux grands cycles de fêtes religieuses, Noël et Pâques. Il en est de même pour les paraboles ; du grand nombre des paraboles rapportées par les évangiles, quatre seulement ont trouvé place dans la cathédrale : les Vierges folles et sages, l'Enfant prodigue, Lazare et le mauvais riche, et le bon Samaritain, et nous verrons tout à l'heure qu'il y a à cela aussi des raisons théologiques, et que c'est à cause de leur sens symbolique qu'elles figurent dans l'art du Moyen-Age.

Les livres apocryphes de la Bible et la Légende Dorée, ce recueil de vies de Saints compilé par Jacques de Voragine, ont été pour les artistes, toujours à la suite des théologiens, l'origine d'innombrables représentations et de détails charmants. C'est à eux que nous devons le bœuf et l'âne de la Nativité, l'aspect et l'âge des rois Mages, la jolie légende des parents de la Vierge. Et c'est la Légende Dorée qui est à la source de tous ces délicieux vitraux ou bas-reliefs qui racontent les vies des Saints, de ces hommes qui, à travers les siècles, ont pratiqué les vertus dont Jésus-Christ leur avait donné l'exemple, et ont répandu son évangile dans tout le monde, en glorifiant leur maître par leurs souffrances et leur martyre. Les vies des Saints tiennent dans la cathédrale beaucoup plus de place que l'histoire même de Jésus-Christ. Les Saints étaient les amis, les protecteurs du peuple, c'étaient des gens de leur condition, qui s'étaient élevés par la seule force de leur vertu à la droite de Dieu, et qui intercédaient pour l'homme auprès de lui. Chaque individu avait son patron, chaque corporation, chaque église, chaque ville le sien. Les patrons, les reliques, les pèlerinages, voilà le plus souvent les raisons de la présence d'un saint dans un bas-relief ou dans un vitrail. Mais le sujet est immense et ne peut nous arrêter longtemps. Je renvoie ceux d'entre vous qui désirent en savoir plus aux beaux chapitres de M. Mâle.

Les Saints résument l'histoire du monde, depuis Jésus-Christ jusqu'au XIIIe siècle. Alors qu'ils tiennent tant de place dans la cathédrale, les empereurs, les rois, les grands de la terre y apparaissent à peine, ou plutôt ils n'y trouvent leur place que comme saints eux-mêmes, saint Louis, ou saint Charlemagne et saint Roland. Quant à l'antiquité, elle est représentée tout entière par la Sibylle, cette prophétesse païenne que l'Eglise a admise dans la liturgie parce qu'elle avait annoncé Jésus-Christ.

Vincent de Beauvais termine son livre par la fin du monde, le Jugement dernier. Les imagiers font comme lui, et presque toujours le portail principal de la façade montre la grande figure du Christ juge dominant le partage des bons et des mauvais, les béatitudes du Paradis et les tortures de l'Enfer.

*

* *

Nous allons voir maintenant une série de vues représentant des ensembles ou des détails des grandes cathédrales. Nous allons mieux nous rendre compte de ce qui forme leurs caractères essentiels. Nous verrons la façon dont elles sont construites, les traits qui leur sont communs, les détails qui les différencient, les progrès faits de l'une à l'autre dans l'art de bâtir. Puis de l'architecture nous passerons à l'iconographie ; nous verrons quelques spécimens de sculpture et de vitraux qui nous feront comprendre mieux l'âme des hommes du XIIIe siècle, et nous parcourrons rapidement au moyen de ces quelques exemples le grand Miroir de Vincent de Beauvais, qui reflète toute la pensée du Moyen-Age, telle que les imagiers l'ont écrite aux portes et aux fenêtres des cathédrales pour édifier et pour instruire les hommes de leur temps, et pour leur mettre constamment devant les yeux toutes les choses essentielles qu'ils devaient savoir.

N° 1. — Chartres. Vue d'ensemble.

Voici la cathédrale de Chartres, telle qu'elle se présente dans son ensemble, vue du sud-ouest. Elle s'aperçoit de loin, dominant la ville et la plaine beauceronne. C'est, après Paris, la première en date des grandes cathédrales, et, si elle n'est pas la plus parfaite, si elle a moins d'unité que d'autres, elle est de toutes peut-être la plus complète, embrassant quatre siècles d'architecture et de sculpture, comptant dans ses portails ou dans ses vitraux plus de 10.000 personnages peints ou sculptés, et transformant en art plus complètement que tout autre les quatre Miroirs et tout l'enseignement du Moyen-Age.

Pas plus que les autres, elle n'est complètement terminée, mais, fait rare, ses deux tours de façade ont vu construire leurs flèches et les ont conservées, bien que d'époques diverses. Ces deux tours dissemblables, l'une appartenant encore presque à l'art roman, l'autre élevée au XVIe siècle en plein gothique fleuri, sont une démonstration vivante de l'art des artistes du Moyen-Age, qui ne copient jamais l'art ancien et qui sont capables de faire un tout parfaitement harmonieux de parties profondément dissemblables. A gauche vous voyez ce clocher du XIIe siècle, surmonté de cette flèche magnifique, si simple et si fine, et, masqué en partie par la nef, le clocher plus récent, plus élevé, plus orné et bien beau lui aussi. Vous voyez bien d'ici la forme de croix donnée au plan des églises, la nef formant la base de la croix, le chœur et l'abside, le sommet, et le transept — vous ne voyez ici que le croisillon sud — dessinant les bras.

Toutes les cathédrales ne sont pas exactement sur ce plan-là. A Paris, le transept est peu marqué; à Bourges il n'existe pas. A Reims la nef est plus longue. A Paris et à Bourges, il n'y a que deux tours à la façade, ici, au contraire, vous voyez qu'on les a multipliées; elles n'ont pas été exécutées, mais vous pouvez voir les amorces des travaux; il devait y avoir deux tours à chaque bras du transept et deux tours flanquant l'abside. A Reims, il ne devait pas y en avoir à l'abside, mais il y en avait une à la croisée du transept. Cette abondance de tours n'est pas une invention de l'époque gothique; elle se rencontre déjà à l'époque romane dans les écoles normande et rhénane.

N° 2. — **Paris, façade.**

La façade de Notre-Dame de Paris, cette façade si célèbre, qui a été si souvent imitée, entre autres à Mantes et à Strasbourg, est le type de la première façade gothique, à mi-chemin entre la façade romane et la façade du XIIIe siècle.

Voyons d'abord les grandes lignes, puis nous examinerons les détails. En bas, l'étage des portails, puis celui de la rose, séparés l'un de l'autre par la galerie des rois. Au-dessus de la rose, une haute galerie ajourée, puis les deux tours carrées qui devaient se terminer par des flèches qui ne furent jamais construites. A travers la balustrade vous apercevez le pignon de la nef, et à l'arrière plan la flèche qui s'élève à la croisée du transept.

Vous voyez que tout dans cette façade est simple et net, divisé par des lignes droites aussi bien en largeur qu'en hauteur. Comme à l'époque romane, à Saint-Etienne de Caen par exemple, ce sont les lignes horizontales qui dominent, la longue galerie des rois, qui de loin fait l'effet d'une frise décorative à motifs uniformes, puis l'élégante galerie ajourée, qui donne tant de légèreté au haut de la façade et réunit avec tant de bonheur les bases des deux tours. Nous allons voir dans des façades un peu postérieures comment l'art gothique s'efforça de rompre ces lignes horizontales et de faire dominer au contraire les lignes verticales qui répondaient mieux à son enthousiasme et à sa vie débordante. Dans le sens de la hauteur, ce sont les contreforts qui divisent la façade en plusieurs tranches; il y en a quatre, deux par tour. Ils sont puissants et font saillie à l'extérieur, surtout aux étages supérieurs. Ils sont austères et presque sans décoration. Le mur entre les portails est nu lui aussi, et cette sobriété est une des caractéristiques de la première époque gothique, alors que plus tard les architectes seront pris d'une frénésie de décoration qui leur fera placer des statues, des bas-reliefs, des clochetons partout où ce sera possible. Les cathédrales auront alors plus de richesse, plus d'exubérance, mais elles y perdront un peu de leur sérénité, de leur puissance et de leur majesté.

Voyons maintenant les détails.

En bas, vous voyez les trois grandes portes qui s'enfoncent dans l'épaisseur du mur, celle du milieu plus haute et plus large que les autres. Les portes latérales ne sont pas identiques; vous voyez que celle de gauche, plus petite, est encadrée dans une sorte de triangle. Et de près, les différences sont bien plus grandes encore. Les dimensions des diverses parties, les dispositions des scènes, le style des personnages, sont différents. L'histoire de la construction explique cette diversité. La cathédrale de Paris fut commencée en 1163 par le chœur, et la première pierre de la façade ne fut posée qu'au début du XIIIe siècle. Mais, dès les premiers travaux, on s'était préoccupé de la façade future, et les sculptures destinées aux portails avaient été commencées sur le chantier.

Mais, en 40 ans, et surtout à cette époque d'art vivant et de progrès rapides, les goûts et les projets eurent le temps de se transformer. Quand on entreprit la façade actuelle, on trouva le projet primitif mesquin, et on résolut de construire les portails sur une bien plus grande échelle; on voulut toutefois employer les morceaux déjà existants, peut-être par respect pour les devanciers, peut-être surtout à cause de la présence dans le morceau principal de la statue du roi Louis VII. On raccorda tant bien que mal ces morceaux pour en faire un portail à peu près pareil à son pendant. On ajouta des écoinçons au tympan, une bande au linteau, et on prolongea les voussures. Vous savez que dans un portail on nomme pieds-droits les montants, voussures les archivoltes qui dessinent le portail, trumeau le pilier qui divise la porte en deux, tympan la partie pleine habituellement couverte de sculptures, et linteau la bande plate qui est placée immédiatement au-dessous du tympan, soutenue par le trumeau.

En général, le programme de décoration de la façade varie peu d'une cathédrale à l'autre; le portail central est consacré au Jugement dernier, les deux autres à la Vierge et aux Saints du diocèse. Ici, la porte centrale, très abîmée au XVIIIe siècle par Soufflot, et qui a dû être refaite en grande partie, montre le Christ juge, la séparation des bons et des méchants, et la résurrection des morts. Le portail de gauche, une des plus belles œuvres de sculpture du XIIIe siècle et que nous verrons tout à l'heure plus en détail, est consacré à la Vierge, et celui de droite, le plus ancien, dont nous venons de nous occuper, s'appelle porte Sainte-Anne; mais nous avons vu qu'on avait employé là des morceaux antérieurs, et l'idée habituelle de Saints du diocèse se retrouve dans la figure de Saint-Marcel, qui orne le trumeau. C'est une réfection moderne de l'ancienne statue détruite. Toutes les grandes statues que vous voyez là, aux pieds-droits, aux trumeaux, dans les niches des contreforts, sont modernes, car la Révolution n'a laissé subsister, dans tout Notre-Dame, qu'une seule grande statue du Moyen-Age, celle de la Vierge, dite de Saint-Marcel, à la façade nord. Par contre, les sculptures des tympans et des voussures ont relativement peu souffert et n'ont été que réparées, de même que les petits bas-reliefs des parties basses, qui ont été plus abîmés, mais n'ont pas été complètement refaits. Les belles pentures des portes sont anciennes aux portails latéraux, refaites au portail central.

La longue galerie des rois qui court au-dessus de l'étage des portails a vu aussi toutes ses statues détruites à la Révolution et refaites au XIXe siècle. Le peuple de Paris avait pris ces personnages couronnés pour des rois de France et en avait fait les premières victimes de sa haine. Les iconographes ne sont pas tous d'accord, mais il est bien probable cependant que les vingt-huit rois figurés là étaient, non pas ceux de France, mais les vingt-huit rois de Judas nommés dans la généalogie de Jésus-Christ qui ouvre l'évangile de Saint-Mathieu.

C'est une représentation très fréquente dans les cathédrales.

La grande rose qui occupe le milieu de la façade est un élément de décoration qui ne manque pour ainsi dire jamais aux grandes églises du XIIIe siècle, au moins dans l'Ile-de-France et dans la Champagne. C'est un dérivé de l'oculus des basiliques romaines qui apparaît déjà sous forme de rose à l'époque romane. La rose de Notre-Dame-de-Paris est encore la rose romane, avec l'œil central et les colonnettes supportant des arcatures trilobées, mais les dimensions se sont amplifiées et il y a deux étages de colonnettes. Vous savez que cette rose célèbre est garnie de vitraux anciens aux couleurs superbes. A droite et à gauche, elle est flanquée de deux grandes fenêtres en tiers-point, qui sont au même niveau qu'elle. La haute galerie qui réunit les deux tours est un souvenir du IIIe étage de la façade de Noyon, qui a été le modèle de celle de Notre-Dame. Les arcatures sont simplement plus nombreuses et ajourées. Au-dessus se trouve la balustrade, où sont accoudées les fameuses chimères, qui sont toutes des réfections de Viollet-le-Duc. Les deux tours percées de larges fenêtres furent terminées en même temps que la galerie ajourée, vers le milieu du XIIIe siècle. La façade de Notre-Dame a donc été construite presque d'un jet, et n'a guère changé d'aspect depuis sa construction.

N° 3. — Laon, façade.

Voici maintenant une autre façade de cathédrale gothique, construite à peu près à la même époque que celle de Notre-Dame de Paris, dérivant elle aussi de la façade de Noyon, mais profondément différente. C'est la façade de Laon, qui a une très grande importance dans l'histoire de l'art du XIIIe siècle, car c'est d'elle qu'est sortie la véritable façade gothique, c'est d'elle que dérive en droite ligne celle qui est considérée comme la plus belle et la plus parfaite, Reims. A première vue, vous remarquez les ressemblances et les différences. Comme à Paris, trois portails, une rose encadrée de deux grandes fenêtres, une galerie d'arcatures, deux tours puissantes. Mais vous sentez tout de suite que l'allure générale diffère. Plus de lignes droites divisant la façade en compartiments : les lourds contreforts sont masqués, la galerie des rois n'existe plus, et surtout on ne retrouve plus les plans horizontaux qui étaient la note dominante des façades antérieures. Les portes s'enfonçent bien encore dans le mur, mais on a, pour ainsi dire, jeté au-devant d'elles trois porches monumentaux qui font saillie et grande tache d'ombre. Ces porches sont surmontés de gâbles pointus qui entament la ligne horizontale, celui du milieu sensiblement plus haut que ses voisins, et le mouvement ascendant est encore accentué par les pinacles construits sur les contreforts. La rose, conçue presque exactement sur le modèle de celle de Chartres, et qu'on retrouve toute pareille à Mantes, est placée plus haut que les fenêtres et brise ainsi les lignes de l'étage. Dans la galerie d'arcatures le même mouvement se retrouve; la partie centrale est plus élevée que le reste, et là encore des pinacles pointus ajoutent à l'élan général. Les tours ne sont pas bâties d'une seule venue; il y a des étages en retrait, un grand luxe de colonnes et d'arcades, et d'énormes figures de bœufs qui interrompent la ligne générale. Ces seize gigantesques statues de bœufs sont parmi les créations les plus curieuses du moyen-âge, elles ont été édifiées, dit-on, en témoignage de reconnaissance pour les bêtes laborieuses qui traînèrent au haut de la colline de Laon tous les matériaux nécessaires à la construction de la cathédrale.

Les luttes bourgeoises et communales furent très violentes à Laon, et la cathédrale y revêt un aspect guerrier. Cette façade est une œuvre forte et puissante, et les jeux d'ombre et de lumière y font une impression saisissante.

La tour que vous voyez à droite est un des clochers du transept, car Laon était de l'école aux nombreuses tours. Aucune n'a été terminée, et celle que vous voyez-là a reçu en guise de flèche un petit édicule qui fait un assez triste effet.

N° 4. — Reims, façade.

Vous avez sous les yeux la plus belle des façades gothiques, si misérablement détruite ou tout au moins très abîmée par la barbarie allemande. C'est la façade de Reims, telle qu'elle était à la veille de la guerre, mais non pas telle que l'avaient construite les architectes du XIIIe siècle, car toute la partie haute avait été détruite par un incendie et reconstruite au XVe siècle, mais d'après les plans antérieurs. Vous retrouvez ici les grandes lignes de Laon, mais tout est moins farouche, plus orné, plus parfait, moins grandiose peut-être.

Voici les trois porches jetés en avant des portes et complètement couverts de sculptures, car, ici, les pieds-droits et les voussures font partie du porche lui-même. Les tympans sculptés ont été remplacés par des vitraux et toute la sculpture s'est répandue à l'extérieur, le sujet principal dans les gâbles très aigus et ornés. Deux gâbles supplémentaires dominent des arcades sculptées construites contre les deux contreforts extérieurs. Vue d'en bas, la grande rose est entamée par le gâble central qui, bien plus qu'à Laon, marque la tendance à la ligne verticale. Cette rose à grands rayons est encadrée dans un arc de décharge en tiers-point qui accentue la même tendance. On appelle arc de décharge le grand arc qui entoure la rose, et qui, jusqu'à Reims, épousait la forme de la rose et était en plein-cintre. Ici c'est un arc brisé, et cet exemple a été suivi par toute la Champagne. Pour empêcher la rose de se déformer, on a logé, dans l'intervalle entre les deux arcs, un petit cercle.

Des deux côtés de la rose, les grandes fenêtres de Paris et de Laon sont devenues des baies géminées hautes et étroites; la galerie des rois a remplacé les arcatures et a pris des proportions énormes; on se rend compte que la nef a beaucoup gagné en hauteur, car vous apercevez le pignon qui dépasse la galerie. Les tours, refaites comme vous l'avez vu, n'ont pas non plus été terminées.

A gauche, vous distinguez le bras nord du transept, et vous voyez l'amorce des tours qui devaient s'élever, là comme à Laon.

N° 5. — Amiens, abside.

Nous voici devant l'abside d'Amiens. Nous sommes placés à l'est, légèrement au sud-est même. Devant nous, à droite, nous voyons le toit du chœur, à gauche celui du croisillon sud du transept. Entre eux deux s'élève la flèche, une des rares flèches du Moyen-Age qui subsistent encore; elle date du xve siècle. Vous pouvez très bien vous rendre compte ici de la disposition du chœur. Le toit très pointu ne couvre que le chœur proprement dit, éclairé par les hautes fenêtres dont vous avez un exemplaire juste en face de vous, deux lancettes assez aiguës divisées chacune en deux parties et surmontées d'une petite rose, les fenêtres elles-mêmes terminées par un gâble pointu. Autour de la partie centrale, un bas côté, double au chœur, simple à l'abside. Vous ne pouvez pas le voir, pas plus que le toit qui le recouvre, mais vous devinez sa présence au-dessous des arcs-boutants lancés des contre-forts au mur de la grande nef. A l'abside, le deuxième bas-côté est remplacé par une série de chapelles logées entre les contreforts. Vous voyez les trois du sud avec leurs hautes fenêtres et leurs petits toits pointus. Une septième chapelle, construite dans l'axe de la nef, et dont vous apercevez une partie tout à fait à droite, beaucoup plus importante et plus profonde que les autres, la chapelle de la Vierge. En Normandie, cette chapelle plus grande et dédiée à la Vierge est un fait constant; à Rouen elle atteint même les dimensions d'une petite église. En Angleterre il en est de même; c'étaient des pays spécialement dévoués à la Vierge, où sont nés et se sont développés avec le plus de force des dogmes comme celui de l'Immaculée Conception.

Je voudrais attirer aussi votre attention sur les arcs-boutants, ce membre essentiel de l'architecture gothique. Nous avons vu tout à l'heure que les voûtes, par leur construction même qui faisait reposer tout le poids sur les nervures et sur les piliers, avaient la tendance à s'écarter vers l'extérieur, et que pour subsister elles devaient être maintenues par une sorte de béquille qui recevait la poussée et la transmettait à une construction extérieure, le contrefort. On a beaucoup tâtonné avant de trouver le point exact où se faisait la poussée, la direction exacte dans laquelle elle s'exerçait, et par conséquent le point où il fallait appuyer l'arc-boutant au mur, et la pente qu'il fallait lui donner pour le joindre au contrefort. Ici vous voyez que l'arc-boutant est double ; la partie qui sert à contrebuter la poussée, c'est l'arc inférieur, la partie supérieure jointe à l'autre par une arcature est un cheneau pour l'écoulement des eaux. Vous savez que ce problème de l'écoulement des eaux a, beaucoup et à juste titre, préoccupé les architectes du Moyen-Age, et le système d'Amiens est une de leurs solutions les plus ingénieuses.

N° 6. — Beauvais, abside.

Encore une abside, celle de Beauvais (partie gauche de la vue). Beauvais est la dernière en date des grandes cathédrales du XIIIe siècle. L'émulation qui avait poussé les évêques et les villes à faire leur cathédrale toujours plus grande que celle qui l'avait précédée poussa l'architecte de Beauvais à commencer les travaux sur des plans énormes. On entreprit d'abord le chœur, qui avait 51 mètres de long, et dont on éleva les voûtes à 47 mètres de hauteur, sur des piliers sveltes et espacés : douze ans après avoir été élevées elles s'écroulèrent ; on les reconstruisit aussi hautes — ce sont les plus hautes du monde chrétien —, mais on dut ajouter des piliers et consolider les arcs-boutants. On ne put jamais construire la nef, et c'est au XVIe siècle seulement qu'on éleva les transepts, ce qui vous explique la façade de gothique rayonnant que vous avez sous les yeux. L'aventure des voûtes ne guérit pas les gens de Beauvais, qui, au XVIe siècle, après la construction du transept, voulurent élever sur leur cathédrale la plus haute flèche du monde. Jean Vaast construisit une tour de 150 mètres de haut, qui de son vivant s'écroula. On avait recommencé pour la tour l'expérience du chœur. Beauvais, c'est l'art gothique qui dépasse les limites du possible.

Cette photographie vous montre un autre exemple d'arc-boutant. Ici, l'architecte trouva que l'arc-boutant avait une trop longue portée. Il le divisa alors en deux par un contrefort intermédiaire en porte à faux; c'est une idée de génie, car le contrefort dans un équilibre instable appuie de toute sa force sur l'arc-boutant, dont il augmente ainsi la portée. Vous distinguez très bien ici le gros contrefort, le deuxième à gauche, et le contrefort intermédiaire, beaucoup plus mince, entre les deux parties de l'arc-boutant. Des deux côtés de la façade rayonnante vous voyez très nettement aussi les arcs-boutants, simples ceux-là, qui soutiennent les voûtes du transept.

N° 7. — Paris, intérieur.

Nous allons voir maintenant quelques intérieurs de cathédrales, Paris d'abord, dont le chœur et le déambulatoire que vous apercevez à droite ont été commencés dès 1163. Vous voyez les puissantes colonnes à base carrée, à chapiteau énorme, soutenant toutes les nervures de la voûte; vous voyez la décoration de ces chapiteaux de la première époque, de gros crochets de fougères qui commencent à s'ouvrir; vous pouvez bien aussi vous rendre compte ici de la construction des voûtes gothiques, de ces arcs bâtis en pierre de taille et qui supportent tout le poids, tandis que les espaces intermédiaires ne sont que du remplissage de briques.

Les premières travées du chœur que vous voyez à gauche étaient achevées dès 1177. C'est donc bien antérieur à Chartres, Reims ou Amiens. Vous avez encore là un exemple de ces tribunes fréquentes déjà à l'époque romane et qui disparurent complètement plus tard. Ce sont, comme nous l'avons vu, de larges galeries qui courent au-dessus des bas-côtés; elles s'ouvrent sur la nef par de belles arcades géminées et sont éclairées par des fenêtres rondes, œuvre de Viollet-le-Duc; dans la région de l'abside il y a de grandes baies dont vous apercevez les premières. Au-dessus, les fenêtres, qui sont larges et hautes, ne datent pas de la construction primitive, mais du XIIIe siècle. On avait, à l'origine, conçu l'élévation de la nef et du chœur d'une tout autre façon; au-dessus des tribunes on avait construit un triforium composé de petites roses — dont Viollet-le-Duc a repris le motif pour les fenêtres, — surmonté de petites baies, presques encore romanes; un demi-siècle plus tard, on trouva l'éclairage insuffisant, on abattit le toit des bas-côtés, on fit disparaître le triforium et on construisit ces grandes baies. Ce que vous voyez tout à fait à gauche, c'est le commencement du croisillon nord; les grosses piles du premier plan soutiennent la voûte du carré du transept. La charmante petite Vierge adossée à l'un d'eux date du XIVe siècle, les stalles du chœur sont de la fin du XVIe et les sculptures que vous apercevez dans le déambulatoire appartiennent à ce célèbre tour du chœur, qui raconte tout un siècle d'histoire de la sculpture (milieu du XIIIe au milieu du XIVe siècle).

N° 8. — Chartres, grande nef.

Vous avez devant vous la grande nef de Chartres : vous voyez que les tribunes ont disparu, et qu'il n'y a plus au-dessus des grandes arcades du rez-de-chaussée qu'un triforium surmonté de hautes fenêtres. Ces fenêtres vont d'une pile à l'autre, ce qui semblait d'une grande hardiesse à l'époque de leur construction, mais le meneau central est encore très épais et construit en maçonnerie. Plus tard on fera plus léger et encore bien plus grand. Les colonnes ne sont plus rondes, comme au chœur de Notre-Dame de Paris : ce sont de forts piliers flanqués de colonnettes ; celles qui regardent la nef montent jusqu'à la voûte dont elles soutiennent les nervures. Vous voyez que les chapiteaux de Chartres sont encore de l'époque primitive, très simples, très stylisés et s'ornant, comme à Paris, de crochets de fougères. La fenêtre que vous voyez à droite, entre les colonnes, vous montre que la grande nef n'a qu'un bas-côté simple — il est double à Paris — et qu'on n'a point ouvert de chapelles entre les contreforts. La voûte est la belle voûte à croisées d'ogives qui a succédé à la voûte sexpartite des premiers grands édifices gothiques. Chaque croisée d'ogives recouvre une travée, tandis qu'à Paris les travées sont doubles avec un arc intermédiaire qui divise la voûte en six parties. Au fond, vous voyez le chœur avec ses hautes arcades, son triforium, ses longues baies dont les vitraux ont de si merveilleuses couleurs.

N° 9. — Amiens, grande nef.

Voici enfin Amiens, la plus célèbre et la plus belle de

toutes les nefs gothiques. La voûte s'élève à 44 mètres, et l'impression de hauteur est encore accrue par l'étroitesse de la nef. A Amiens, comme à Reims, cette étroitesse a donné aux arcs une très grande acuité, et cela augmente encore l'impression d'élan que donne tout l'édifice. Les colonnes, très sveltes, sont d'une légèreté étonnante; leurs chapiteaux et ceux des colonnettes qui les flanquent sont ornés de feuillages bien plus développés qu'à Chartres, car les années ont marché, et nous sommes dans le plein épanouissement de l'art gothique. Au-dessus des grandes arcades, il y a, comme à Chartres et à Reims, un triforium composé d'arcatures, mais ici, dans la recherche toujours croissante de la lumière, il est vitré : ce n'est pas une innovation de l'architecte d'Amiens, car l'exemple en avait été donné quelques années plus tôt dans la nouvelle église de Saint-Denis. Bientôt, le triforium disparaîtra dans la fenêtre agrandie ; ici, le désir de rattacher le triforium à la fenêtre perce déjà ; la colonnette de la fenêtre se prolonge jusqu'au triforium.

La rose que vous apercevez tout au fond de la nef est celle de la façade ; et vous voyez à son dessin qu'elle date du XVe siècle ; ce que vous avez au premier plan, ce sont les célèbres stalles sculptées à peu près à la même époque.

N° 10. — Paris, chapiteau du chœur.

Après avoir vu dans ses grandes lignes l'architecture des cathédrales, nous passons maintenant à la sculpture, et, pour commencer, à la sculpture décorative.

Ce chapiteau de Notre-Dame de Paris, de la première

époque, est encore un chapiteau roman : un mélange de figures de monstres, de palmettes et de rinceaux. Je vous le montre en opposition avec la projection qui va venir pour bien vous montrer la différence entre l'époque romane et l'époque gothique pour la compréhension et la reproduction de la nature. Ici, la nature n'est que l'inspiratrice lointaine, le sculpteur ne la copie pas, ne la regarde même pas : ses têtes n'ont rien d'humain, ce sont des figures de monstres aux bouches démesurées et aux oreilles absurdement placées, et son feuillage n'a rien de naturel ; il reproduit à sa guise des formes antiques et ne s'inspire pas des arbres ou des buissons qu'il a sous les yeux.

N° 11. — Reims, panneau d'ornementation.

Ici c'est tout le contraire; nous voici en plein XIIIe siècle, à l'époque où l'art gothique a déjà dépassé son premier stade, celui où il stylise avec une force et une puissance magnifique les formes des végétaux. Ici, c'est la copie exacte de la nature pour les éléments décoratifs; vous reconnaissez des feuilles de platane, des feuilles d'érable, des fleurs de fraisiers, mais vous voyez que ce n'est pas là une copie sèche, mais une adaptation, avec un sens très marqué de la décoration. Peu à peu les copies deviendront plus exactes, les détails plus fouillés, le sens décoratif diminuera, et nous arriverons aux feuilles de choux ou de chardons du XVe siècle, qui sont de beaux morceaux de sculpture, mais n'ont plus la puissance ou la grâce de ces créations du début. Ce panneau est tiré du revers de la façade de la cathédrale de Reims, ce magnifique ensemble de sculpture où de grandes statues placées dans des niches alternent avec des panneaux de draperies ou de feuillages. C'est une des parties de Reims qui a le plus souffert, non pas directement du bombardement, mais de l'incendie qu'il a provoqué.

N° 12. — Amiens, grand portail.

La façade d'Amiens fut commencée avec magnificence, mais, avant qu'elle fût achevée, les fonds manquèrent, et elle ne fut terminée que bien plus tard et d'une façon mesquine. Elle ne tient donc pas dans son ensemble ce qu'elle promettait, mais la partie inférieure, le grand portail, est d'une extrême beauté, et résume pour ainsi dire la pensée philosophique du Moyen-Age. Le Christ enseignant, dont nous verrons, tout à l'heure, plus en détail la belle figure, en forme le centre, au trumeau du portail central. Des deux côtés, aux pieds-droits, les statues des apôtres, et, leur faisant suite, les quatre grands prophètes; les douze petits prophètes sont placés en avant, contre les quatre contreforts. Le Christ enseignant est donc entouré de ses compagnons de lutte et des prophètes qui ont annoncé sa venue. Aux chambranles de la porte, la parabole des Vierges sages et des Vierges folles, qui symbolise la conduite de l'âme humaine en face du Christ, et, dans les médaillons (au-dessous des apôtres), les vices et les vertus, les moyens d'arriver au Christ ou au contraire de s'éloigner de lui. Dans la partie haute du portail, c'est la réalisation des prophéties et de l'enseignement du Christ et des apôtres : c'est le Jugement dernier: le Christ Juge est assis entouré d'anges et imploré par la Vierge et par saint Jean. Au-dessous de lui, des anges sonnent de la trompette. les morts ressuscitent, saint Michel pèse les âmes, les bons sont conduits au sein d'Abraham, et les mauvais à la gueule de Léviathan. Dans les voussures, des anges, des martyrs, des confesseurs, des saintes femmes, les vieillards de l'apocalypse et les patriarches de l'arbre de Jessé forment le Paradis.

Le portail de droite est consacré à la Vierge. Debout au trumeau, elle tient l'enfant Jésus, et les grandes statues des pieds-droits racontent les scènes de l'enfance, l'annonciation, la visitation, la présentation au temple, l'adoration des rois Mages. Dans les quatre-feuilles, de petites scènes complètent le récit, la fuite en Égypte, le voyage des rois mages; dans le tympan, la glorification de la Vierge, sa mort, sa résurrection, et son couronnement entouré des anges et des patriarches des voussures.

Le portail de gauche, dit de saint Firmin, est consacré aux saints du diocèse. Au trumeau le saint Évêque bénit; c'est une figure d'une grandeur et d'une sérénité admirables. Les épisodes de sa vie et de sa mort sont racontés au tympan. Des anges peuplent les voussures, et des saints locaux figurent aux pieds-droits. Dans les quatre-feuilles, les travaux des mois, dont nous verrons une partie dans un instant.

N° 13. — Amiens, statue du Beau Dieu.

Voici la célèbre statue du Christ enseignant, dite Beau Dieu d'Amiens, qui est comme le symbole de cet art de la première partie du XIIIe siècle, si plein de majesté et de noblesse, de douceur et de beauté idéale. Il bénit de la main droite, et tient de la gauche le livre qui contient son enseignement. Mais il n'est pas le Christ enseignant seulement, il est aussi le Christ triomphant, car de ses pieds il foule le lion (vous le distinguez, sous le pied droit) et le dragon (sous le pied gauche), qui sont les symboles des puissances du mal qu'il a vaincues. Si la photographie vous donnait aussi le socle de la statue, vous y verriez deux animaux étranges qui sont tout à fait conformes à l'explication que donne un célèbre docteur du XIIe siècle, Honorius d'Autun, d'un verset du psaume XC: « Tu monteras sur l'aspic et le basilic, et tu fouleras aux pieds le lion et le dragon ». Je vous donne ces détails pour vous montrer l'influence curieuse et directe exercée par des textes sur des œuvres d'art.

N° 14. — Chartres, statues de Patriarches.

Nous sommes maintenant à Chartres, devant le portail du transept septentrional. Vous savez que la cathédrale de Chartres a une façade plus ancienne que le reste de sa construction et dont la sculpture est tout entière de transition. Les œuvres des sculpteurs du début du XIIIe siècle sont donc placées aux façades du transept, où elles forment deux ensembles importants consacrés, l'un à l'Ancien Testament, au nord, l'autre au Nouveau, au sud. C'est le premier ensemble important de grandes statues du XIIIe siècle que nous possédions — de toutes les grandes statues de cette époque, de Sens, de Laon et de Paris, il n'en reste qu'une seule, le saint Etienne de Sens, — et celles-ci sont les premières de la série qui se continuera à Reims et à Amiens. En avant de ces portails de Chartres, ont été construits plus tard, dans le courant du XIIIe siècle, des porches qui sont eux aussi peuplés de statues, d'un style beaucoup moins archaïque.

Le portail central du portail nord est consacré aux ancêtres de Jésus-Christ, ou plutôt à ses préfigures dans l'Ancien Testament. Au trumeau se trouve la statue de sainte Anne tenant la Vierge, et aux pieds-droits toute une série de grands personnages majestueux et lointains dont l'archaïsme ajoute encore à la grandeur. Ce sont Melchisédech, Moïse, Abraham, d'autres encore. C'est la série de gauche que vous avez sous les yeux. Elle commence par les deux prophètes qui ont annoncé la naissance et la passion du Sauveur, Isaïe qui porte un rameau de l'arbre de Jessé et Jérémie un disque orné d'une croix, puis le vieillard Siméon qui tient le divin enfant le jour de la Présentation au Temple, puis Jean-Baptiste, le Précurseur, la dernière des « figures » de Jésus-Christ; il porte l'Agneau de Dieu. Enfin, le dernier personnage est saint Pierre, que les théologiens ont toujours considéré comme un symbole de l'Ancienne Alliance et qui est ici comme le point de jonction entre l'ancienne et la nouvelle loi. Il est en pape, coiffé de la tiare, et il tient les clefs du paradis et le calice, qui est aujourd'hui brisé.

Vous remarquez la façon dont ces grandes statues sont adaptées à l'architecture. Elles sont adossées aux colonnes, leurs pieds reposant sur des socles, formés de petits personnages ou de monstres, et leurs têtes abritées sous un dais. Elles sont encore très droites, très raides, ne se permettant que des mouvements très mesurés. Elles sont à mi-chemin entre les statues de transition, appliquées contre les colonnes, minces, les bras serrés au corps, et les statues du milieu du XIIIe siècle qui ont fait disparaître les colonnes et qui sont vivantes et libres de leurs mouvements.

N° 15. — Chartres, statues d'Apôtres.

Nous sommes encore une fois à Chartres, au transept méridional cette fois. Le trumeau du portail central est occupé par le Christ enseignant, entouré sur les pieds-droits par les douze Apôtres. Voyez cette belle statue du Christ, la plus ancienne qui subsiste du XIIIe siècle, et qui a servi de modèle à celles d'Amiens et de Reims. Il est debout, très doux, très calme, très humain, et bénit de la main droite, tandis que, de la gauche, il tient son évangile. Derrière sa tête, appliqué au trumeau, est placé le nimbe crucifère qui est la marque de la divinité. Comme à Amiens, ses pieds foulent le lion et le dragon.

Les Apôtres sont très beaux aussi, moins archaïques que les grandes figures de l'autre porche, mais leurs attitudes sont encore un peu figées, et leurs têtes peu individuelles. L'artiste n'a pas cherché, du reste, à dégager leur personnalité; il ne leur a mis entre les mains que de vagues attributs qui ne permettent pas de les nommer tous avec certitude. Le premier doit être saint Paul à cause de son épée et de la place d'honneur qu'il occupe; puis nous reconnaissons saint Jean, le seul qui soit imberbe; puis saint Jacques le Majeur, qui n'a pas encore l'allure de pèlerin qu'on lui donnera dès la fin du siècle; il a pourtant déjà au côté sa pannetière garnie de coquilles; à côté, l'autre saint Jacques, qui tient le bâton de foulon avec lequel il fut assommé.

Sous les pieds des Apôtres, de petits personnages se

rapportant à leur légende; sous saint Jacques le Majeur, par exemple, le roi Hérode qui avait ordonné sa mort. Remarquez encore les charmantes petites colonnes torses qui supportent les Apôtres, et regardez surtout les petites feuilles copiées d'après nature et toutes différentes les unes des autres qui les ornent.

Les scènes que vous voyez dans le haut de la projection font partie du Jugement dernier qui remplit le tympan et les voussures. Tout à fait à gauche vous apercevez les pieds de saint Michel et un des plateaux de la balance dans laquelle il pèse les péchés et les bonnes actions des humains; puis, plus à droite, la foule des réprouvés, que d'horribles démons précipitent dans la gueule de Léviathan (tout à fait à droite du linteau); on voit les têtes des malheureux qui disparaissent entre les dents et les flammes du monstre. Les voussures montrent les démons tourmentant les damnés qui appartiennent à toutes les classes de la société; à gauche une grande dame, coiffé du chapeau d'orfroi, plus loin une nonne, enfin, un avare qui serre encore contre sa poitrine son sac d'écus.

Au dessus, c'est la résurrection des morts qui sortent, en joignant les mains, de leurs tombeaux ou de leurs urnes funéraires.

N° 16. — Reims, statues de saint Nicaise et d'un ange.

Vous voyez ici un des célèbres anges de Reims. Vous savez que Reims est la cathédrale des anges; il y en a partout : aux portails, accolés à l'abside, perchés dans les pinacles des contreforts. Celui que vous voyez ici se trouvait — il faut parler au passé, car il a eté complètement détruit par le bombardement allemand — au portail gauche de la grande façade. Vous voyez quelle grâce et quelle beauté, ce corps si souple, ces draperies si naturelles, cette tête penchée, ces cheveux bouclés et surtout ce fin sourire que les artistes de Reims ont seuls trouvé. Le saint qu'il accompagne est saint Nicaise, un des grands saints de Reims qui était mort décapité. En général, au Moyen-Age, les saints décapités sont représentés portant leur tête dans leurs mains ; ici on a simplement enlevé, comme d'un coup de hache, la partie supérieure du crâne (ce qui semble former au-dessus de sa tête une sorte de bonnet étrange, c'est le chapiteau de la colonne). Vous voyez la beauté de cette tête si douloureuse, d'une expression si profonde et qui fait contraste avec le sourire de l'ange.

A droite, sur le chambranle de la porte, des anges encore — qui malheureusement ont presque tous eu la tête cassée — et de petits personnages assis qui sont des merveilles d'attitude et de draperies.

N° 17. — Paris, porte de la Vierge.

Voici une des portes de la façade de Notre-Dame de Paris, celle de gauche, connue sous le nom de Porte de la Vierge. C'est une des plus belles œuvres du début du XIIIe siècle, pleine de grandeur et de pureté. En bas, trois prophètes et trois rois. Au-dessus, une scène souvent appelée la « mort de la Vierge », mais qui est en réalité sa résurrection. Le tombeau, un beau tombeau sculpté, occupe le milieu de la scène. Deux anges, avec des gestes d'une douceur infinie, tiennent, sur un drap, le corps de la Vierge et le soulèvent hors du tombeau. Elle, jeune et belle, s'éveille et joint les mains pendant que, derrière le tombeau, Jésus prononce les paroles qui la rappellent à la vie : « Lève-toi, ma colombe, tabernacle de gloire, vase de vie, temple céleste ; de même qu'en concevant tu n'as point connu de souillure, ainsi dans le sépulcre ton corps ne connaîtra nulle corruption ». Autour de lui, symétriquement, sont rangés les douze apôtres.

Au-dessus, une scène admirable aussi, dans sa grandeur et sa simplicité : le Couronnement de la Vierge. Jésus et sa mère sont assis tous les deux, lui la bénissant, elle l'adorant, tandis qu'un ange sorti des nuages dépose une couronne sur sa tête et que deux autres anges agenouillés tiennent de petits chandeliers.

Ces scènes de la légende et de la glorification de la Vierge tiennent dans l'art du Moyen-Age une place immense ; elles n'ont pas toujours la beauté de celles que vous avez sous les yeux, mais le thème change peu ; on retrouve toujours les mêmes épisodes, qui avaient été racontés bien longtemps auparavant, avec toutes sortes de détails puérils ou touchants, dans les livres apocryphes.

N° 18. — **Paris, porte de Saint-Étienne.**

A Notre-Dame de Paris encore, le portail du transept méridional qui raconte la légende de saint Étienne. L'église actuelle de Notre-Dame remplace trois églises antérieures ; l'une d'elles, qui se trouvait presque à la place du transept, était consacrée, à saint Étienne, et la décoration sculptée de ce portail est sans doute le souvenir de cette ancienne église. A la partie inférieure gauche du tympan vous voyez le diacre assis qui discute avec des Juifs, reconnaissables au bonnet pointu que portent plusieurs d'entre eux. Au milieu, debout, il prêche; accroupi par terre, un vieillard médite profondément; plus loin, une femme qui tient son enfant à la mamelle ne quitte pas le saint des yeux; debout au deuxième plan, un jeune homme prend des notes. A droite est assis un homme qui a les jambes croisées, dans l'attitude classique des juges; deux soldats lui amènent le saint; regardez la belle armure romaine du soldat nègre qui est au premier plan.

Au-dessus, à gauche, une scène de violence. Le saint s'est affaissé sur les genoux et sur la main gauche. Des hommes s'acharnent sur lui, brandissant des pavés et en tenant d'autres dans leurs tuniques relevées. A droite, deux amis du martyr le déposent pieusement dans un tombeau, pendant qu'un prêtre lit l'office des morts, et qu'un enfant de chœur tient la croix et le seau d'eau bénite.

Et tout en haut, le Christ apparaît à mi-corps dans les nuages, entre deux anges, et bénit son serviteur.

Ce n'est pas l'original que vous avez sous les yeux, mais le moulage du Trocadéro. Au-dessous, vous voyez deux bas-reliefs qui se trouvent aussi à Notre-Dame de Paris, au mur du nord. A droite, vous voyez le couronnement de la Vierge, bien abîmé, et à gauche la Vierge montant au ciel dans une gloire, soutenue par des anges.

N° 19. — **Amiens, bas-reliefs des Vertus.**

Tout le soubassement du grand portail d'Amiens est décoré de quatre-feuilles; les reliefs que vous voyez là se trouvent à la porte centrale. et représentent, en vingt-quatre petites scènes, les vertus et les vices. La série du haut est consacrée aux vertus personnifiées, tandis que celle du bas représente les vices sous la forme de petits tableaux familiers. A gauche, c'est le courage représenté par une jeune femme vêtue d'une armure, coiffée d'un casque à mentonnière, tenant d'une main une épée, et de l'autre un bouclier orné d'un lion, symbole habituel de la force. Au-dessous, un guerrier laisse échapper son épée et s'enfuit épouvanté ; derrière lui bondit un petit lièvre aux oreilles dressées, tandis qu'une chouette, perchée sur un buisson, jette dans la nuit son cri moqueur.

Plus loin, c'est la Patience, au blason orné d'un bœuf, avec, au-dessous, l'Impatience, une femme qui ne supporte pas la remontrance que lui adresse son mari et va lui enfoncer son épée dans le corps.

A côté de l'Impatience, une jeune femme douce et sérieuse tient un écusson orné d'une brebis, la brebis « qui se laisse prendre sans résistance ce qu'elle a de plus précieux, sa laine et son lait » et qui personnifie la Douceur. Au-dessous, une grande dame, — elle porte la coiffure des dames de qualité de son époque, — assise sur un meuble sculpté à dossier bas, reçoit d'un coup de pied violent un serviteur qui lui apporte à boire, et renverse ainsi le vase qu'il tient. C'est la Colère.

Puis la Concorde, dont le blason porte une branche d'olivier, et, au-dessous, la scène de famille dont nous avons parlé il y a un moment : une femme, les cheveux défaits, l'air furieux, saisit la tête de son mari, sans s'occuper de la cruche qui roule d'un côté tandis que la quenouille tombe de l'autre.

La vertu suivante, que vous ne voyez qu'en partie, est

l'Humilité, avec un chameau agenouillé; au-dessous, la Rébellion, avec un homme frappant un évêque.

Ce qui se trouve au-dessus des quatre-feuilles, ce sont les supports des statues des apôtres, qui représentent des personnages ayant trait à leur légende.

Tout à fait à gauche de la projection, vous voyez trois jeunes femmes debout, tenant à la main une lampe renversée. Ce sont les Vierges folles, placées à la gauche du Christ, qui occupe le trumeau — les Vierges sages sont à sa droite — qui rappellent au fidèle qu'il faut veiller constamment. Celle du milieu a le costume des grandes dames de son temps, la cotte ceinte, le manteau et le chapeau d'orfroi. Les deux demi-médaillons qui sont accolés aux Vierges folles retracent deux fables célèbres au Moyen-Age, le coq et le renard — en haut vous distinguez le coq sur une branche de l'arbre et le renard dressé contre le tronc, — et la cigogne et le renard — on voit très bien la cigogne, le bec disparaissant dans la bouche du renard, à la recherche de l'os malencontreux.

N° 20. — **Amiens, bas-reliefs des travaux des mois.**

Encore à Amiens, à la porte Saint-Firmin. Ces quatre-feuilles sont photographiés d'après un moulage du Trocadéro, ce qui vous explique leur isolement; en réalité, ils forment, comme les précédents, le soubassement du portail, et sont dominés par les statues des pieds-droits.

Ce sont les travaux des mois, qui forment, comme nous l'avons vu, une des représentations les plus importantes du Miroir de la Science.

Ce thème des travaux des mois unis aux signes du zodiaque est très ancien, et on en trouve des exemples dès les basiliques des premiers siècles. Mais vous pouvez vous rendre compte ici que les sculpteurs n'ont pas adopté une formule toute faite, et qu'ils ont fait, des travaux des mois, de charmantes petites scènes très vivantes et copiées d'après nature. Les travaux varient de cathédrale à cathédrale, suivant le climat ou les habitudes de la province. L'année ne commence pas toujours non plus par le même mois ; au Moyen-Age son début variait entre Noël et Pâques. Ici, à Amiens, elle commence avec le mois de décembre, et vous avez sous les yeux la deuxième partie de l'année, de juin à novembre. Au mois de juin, le deuxième quatre-feuilles, en bas et en partant de la gauche, le paysan fauche son herbe d'un mouvement précis et vigoureux ; en juillet, il moissonne ; en août, il bat son blé au fléau ; en septembre, il cueille ses pommes ; en octobre, debout dans la cuve, il écrase son raisin ; et en novembre, d'un geste large, il sème son blé. Au-dessus, vous voyez les signes du zodiaque, traités avec un magnifique sens décoratif : le Cancer, le Lion, la Vierge, la Balance, le Scorpion et le Sagittaire. Les deux premiers quatre-feuilles à gauche se rapportent à la statue qui les domine directement et que vous ne voyez pas ici, celle du prophète Aggée ; ils sont l'illustration de ses prophéties : en haut, vous voyez la maison lambrissée où il reproche aux Juifs de couler une vie douce, tandis que le temple reste en ruine, et en bas la terre aride et désséchée qui sera la punition de leur indifférence.

N° 21. — Laon, vitrail: la musique.

Après les sculptures, nous allons voir maintenant quelques vitraux. A l'époque romane, la peinture murale avait été très développée, mais, à l'époque gothique, à cause des conditions mêmes de l'architecture, c'est la peinture sur verre qui la remplace. Les vitraux ne sont donc pas seulement destinés à faire pénétrer dans l'église une lumière atténuée et coloriée, ils sont un des principaux champs d'activité des artistes, et sont extrêmement importants au point de vue iconographique.

Nous avons vu que la personnification des arts libéraux se retrouve souvent dans la cathédrale, spécialement dans les villes qui ont possédé au Moyen-Age de grandes écoles.

Voici un fragment du vitrail de la rose septentrionale de la cathédrale de Laon. La belle jeune femme que vous avez sous les yeux représente la Musique. A l'aide d'un petit marteau, elle frappe sur des clochettes, et semble écouter avec extase l'harmonie qu'elle produit. Ce marteau est un souvenir d'une légende très populaire au Moyen-Age, qui racontait que Tubal, le descendant de Caïn, avait inventé la musique en frappant des corps sonores avec des marteaux de poids différents.

N° 22. — Chartres, vitrail de Charlemagne.

Voici une partie du vitrail de Chartres qui se rapporte à l'histoire de France, mais à l'histoire de France telle que l'envisagent les docteurs du Moyen-Age, pour qui seuls comptent les événements qui se rapportent à l'Église. C'est l'histoire de Charlemagne qui est racontée ici, mais Charlemagne, s'il a été un grand empereur, a été aussi un saint, et c'est ce caractère-là qui lui fait trouver place dans la cathédrale. Regardez les deux demi-médaillons de gauche et celui de droite, en bas, vous verrez que l'empereur a le nimbe des saints, et tous les épisodes de son histoire qui sont racontés se rapportent à ses œuvres pies. Tout en bas, vous le voyez à genoux devant l'autel, présentant aux dignitaires de l'église d'Aix-la-Chapelle une des châsses que vient de lui donner l'empereur Constantin. Au-dessus, à gauche, il est assis avec deux autres personnages et regarde la voie lactée. En face, à droite, l'Apôtre saint Jacques lui apparaît pendant son sommeil, et lui dit que la voie lactée, c'est le chemin qui conduit à Compostelle, et qu'il faut le suivre pour aller délivrer son tombeau encore aux mains des infidèles. Dans le médaillon central, il se met en route accompagné de ses chevaliers. Il est au centre, coiffé de sa couronne, et derrière lui, vous reconnaissez à sa mitre l'archevêque Turpin. Au-dessus, à gauche, il est descendu de cheval et prie à genoux. Sa prière est exaucée, car, dans le dernier médaillon, vous le voyez entrer dans la ville de Pampelune.

Et, si le vitrail était complet, vous verriez plus loin l'histoire de Roland, qui a lui aussi le nimbe, parce qu'il est lui aussi un saint adopté par l'Église.

N° 23. — Le Mans, vitrail symbolique.

Nous allons voir maintenant des exemples du symbolisme de l'art du Moyen-Age et de l'influence de la théologie sur les œuvres des artistes.

Voici d'abord une partie d'un vitrail de la cathédrale du Mans. C'est un vitrail dont les médaillons centraux sont consacrés à l'histoire de la Passion, tandis que les compartiments qui les entourent représentent des scènes de l'Ancien Testament qui sont des symboles ou des pré-figures de celles du Nouveau. Ce vitrail n'est pas seul de son espèce; il y en a d'autres tout à fait analogues, à Bourges, à Lyon, à Chartres, à Reims. Tous ces vitraux sont comme la transposition en images d'un livre écrit au XIIe siècle, mais célèbre encore au XIIIe siècle, un recueil de sermons d'Honorius d'Autun, intitulé le Miroir de l'Église. Dans ces sermons, les textes du Nouveau Testament sont toujours mis en regard de textes de l'Ancien et en sont l'explication et l'aboutissement. De plus, Honorius fait des rapprochements entre les moments de la vie de Jésus-Christ et les mœurs des animaux, telles que les faisaient connaître d'anciens recueils, appelés les Bestiaires.

Ici, la scène centrale est la Crucifixion. Vous voyez le Christ attaché à la croix, entouré de la Vierge et de saint Jean qui se lamentent. Selon des règles immuables, la Vierge, qui personnifie l'Église, est à la droite de son fils, saint Jean à la gauche. En haut, le soleil et la lune.

Voyons maintenant les scènes secondaires. Celles du bas d'abord, car celles du haut, par suite d'une restauration du vitrail, ne sont pas à leur place. A gauche, vous voyez trois hommes, coiffés de bonnets pointus, ce qui dans l'iconographie du Moyen-Age veut dire des Juifs ; debout et s'adressant à eux, un quatrième personnage que de grandes cornes sur le front nous disent être Moïse. De sa baguette, il frappe le rocher d'où jaillit l'eau. Pour les docteurs du Moyen-Age, l'eau qui jaillit du rocher, c'est le sang qui sort du côté de Jésus-Christ après le coup d'épée qui lui est donné sur la croix, et les Juifs représentent le peuple qui se détourne de la loi ancienne pour adopter la nouvelle. Dans le médaillon de droite nous retrouvons encore Moïse, dans la scène du serpent d'airain cette fois. Le serpent d'airain, dont la vue seule guérissait les Israélites malades, est, depuis l'Évangile, un symbole de la mise en croix. Ce sont deux des scènes qu'Honorius d'Autun rapproche de la crucifixion; dans les deux compartiments supérieurs devraient se trouver la mort d'Abel et la grappe de la terre promise, mais les fragments de vitraux ont été déplacés et les deux curieuses images que vous voyez se rapportent à la scène centrale de la résurrection. A gauche, il y a un grand oiseau se fouillant la poitrine du bec et inondant de son sang trois oisillons dans un nid. C'est la légende du pélican qui, ne sachant comment ranimer ses petits affamés, les nourrit de son propre sang. Il est devenu ainsi une image du Christ donnant sa vie pour sauver l'humanité. A droite, une scène empruntée, elle aussi, aux Bestiaires par l'intermédiaire d'Honorius d'Autun : on racontait que la lionne mettait au monde des lionceaux mort-nés, mais que trois jours après, — trois jours, c'est l'intervalle qui sépare la crucifixion de la résurrection, — le lion poussait un rugissement ou soufflait sur ses petits, et les faisait ainsi renaître; vous voyez la lionne à droite et, au premier plan, le lion soufflant sur le lionceau.

N° 24 — Sens, vitrail de la parabole du bon Samaritain.

Voici maintenant un vitrail de la cathédrale de Sens qui va vous montrer comment les docteurs du Moyen-Age interprétaient les récits de l'Évangile et avec quelle fidélité les artistes suivaient leur enseignement.

Il s'agit de la parabole du Bon Samaritain, ce beau

récit qui nous montre un voyageur descendant de Jérusalem à Jéricho, attaqué et dépouillé par les voleurs, laissé à son misérable sort par un prêtre et un lévite, et pansé et secouru par un Samaritain. Les médaillons centraux, en losange, suivent le texte. Le premier en commençant par le haut nous montre cinq brigands, armés d'épées, renversant et dépouillant le pauvre voyageur au pied d'un arbre. Plus bas, le voyageur blessé, à moitié nu, songe tristement, la tête appuyée sur sa main, tandis que le prêtre et le lévite, tout entiers à leur dévotion hypocrite, passent sans s'occuper de lui. Enfin, en bas, le bon Samaritain a installé le voyageur sur sa propre monture et l'amène à l'hôtellerie.

Voyons maintenant, dans les médaillons circulaires groupés par quatre autour des autres, le sens symbolique que les docteurs donnaient à ce récit. D'abord, tout en haut, la ville de Jérusalem, ou Paradis, que le voyageur — l'Homme, comme l'indique l'inscription du deuxième panneau central : « Homo » — quitte pour entreprendre le voyage de la vie. Les brigands, ce sont les péchés qui l'assaillent et qui le laissent nu et misérable: image de la chute des premiers hommes. A gauche, en haut, Dieu, reconnaissable à son nimbe crucifère, vient de créer Adam et Ève; à droite, le Tentateur apparaît dans l'arbre, tandis qu'Adam et Ève croquent la pomme. A gauche en bas, Dieu leur reproche leur désobéissance, et à droite, un ange aux multiples ailes les chasse du Paradis.

Le prêtre et le lévite sont le symbole de l'ancienne loi qui est incapable de sauver l'homme. Vous voyez le Serpent d'airain, Moïse et Aaron devant Pharaon, le Veau d'or, et Dieu apparaissant dans le buisson et donnant à Moïse les tables de la Loi.

Enfin, le bon Samaritain qui donne tout ce qu'il a pour sauver le blessé, c'est Jésus-Christ s'immolant pour sauver l'homme, et l'hôtellerie, c'est le ciel où aboutit enfin l'homme racheté. Le premier médaillon montre Jésus devant Pilate; le deuxième, la Flagellation; le troisième, la Crucifixion avec l'image de l'Église recueillant le sang qui la fera vivre; enfin le quatrième, la Résurrection représentée par les saintes femmes au tombeau.

Cette parabole du bon Samaritain se retrouve presque semblable dans d'autres vitraux: à Bourges, à Chartres, à Rouen. Cela montre combien ces explications qui nous semblent compliquées étaient répandues, et familières aux fidèles.

N° 25. — **Bourges. — Le Jugement dernier** ***(fragment).***

Le Grand Miroir de Vincent de Beauvais s'achève par le récit du Jugement dernier qui terminera l'histoire du monde. Les artistes du Moyen-Age ont suivi son exemple et ont presque toujours placé la grande scène du Jugement dernier au grand portail de la façade ouest des cathédrales. Vous avez ici un fragment du tympan de Bourges. Vous ne voyez ni le grand Christ juge, ni les scènes de la résurrection des morts. C'est le partage des bons et des mauvais, le Paradis qui récompense les vertus des uns, l'Enfer qui punit les crimes des autres. Le centre du linteau est occupé par l'archange saint Michel, très grand dans sa tunique droite qui tombe en larges plis, sa jolie tête fine comme encadrée par deux immenses ailes. De la main droite, il tient une balance et pèse les bonnes et les mauvaises actions d'un humain. Les bonnes actions, figurées par une lampe pareille à celle des Vierges sages, l'emportent, bien qu'un affreux petit diable se cramponne désespérément au plateau des péchés — symbolisés par une tête hideuse. (Dans les Jugements derniers, ce sont toujours les bonnes actions qui pèsent plus que les mauvaises ; c'est comme un encouragement donné aux fidèles). De la main gauche, saint Michel, d'un geste charmant, caresse la petite âme qui, les mains jointes, assiste à la pesée de ses péchés.

La partie de ce linteau que vous avez sous les yeux est une des scènes les plus douces et les plus sereines que nous ait laissées le XIIIe siècle. Tout à fait à gauche, la vision du Paradis lui-même est un peu sommaire. Sous une arcade trilobée, Abraham est assis tenant dans un voile, sur ses genoux, quatre petites âmes de bienheureux. Mais le défilé des élus est une scène exquise. Saint Pierre, sa grosse clef à la main, ouvre la porte du Paradis, et celui qui va entrer le premier est un moine franciscain, reconnaissable aux trois nœuds de sa cordelière ; c'est comme un hommage à l'ordre nouveau dont la règle principale était la pauvreté. Derrière lui, très jeune et très beau, tenant une fleur à la main, s'avance un roi couronné dont les traits fins s'encadrent de longs cheveux ; ici aussi, cette figure, sans être un portrait, est une allusion à un nouveau saint qui ajoutait à la gloire de la France : le roi saint Louis. Puis d'autres charmantes figures d'élus et d'élues, et la marche est fermée par un ange aux grandes ailes dressées. Au-dessus de la porte du Paradis, d'autres anges, souriant aux bienheureux, apprêtent pour eux les couronnes de vie dont parle l'Apocalypse.

Cette vision du Paradis clôt bien cette série de vues sur l'art du XIIIe siècle en France, cet art des cathédrales, si grand, si noble, si serein, qui est comme la traduction de la pensée de ce temps, qui est l'art français par excellence, et qui, de la France, a rayonné sur le monde chrétien tout entier.

MELUN. IMPRIMERIE ADMINISTRATIVE. — M. P. 605 M

www.ingramcontent.com/pod-product-compliance
Ingram Content Group UK Ltd.
Pitfield, Milton Keynes, MK11 3LW, UK
UKHW020957180726
13838UKWH00003B/1366